Rolf Reinicke

Zauber des Nordens

Norwegen · Schweden · Finnland · Island

Text und Fotos: Rolf Reinicke

Mitarbeit: Inge Reinicke

HINSTORFF

Der Norden Europas

Norwegen · Schweden · Finnland · Island

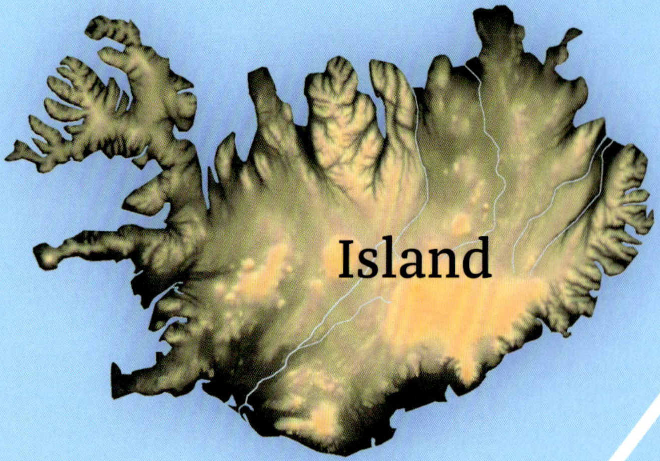

Norwegen → Seite 6

Schweden → Seite 96

Finnland → Seite 136

Island → Seite 162

An der norwegischen Küste erheben sich Hochgebirge direkt aus dem Ozean. Möchte man Derartiges an anderer Stelle der Erde erleben, so muss man nach Neuseeland, Feuerland oder Alaska reisen. In Norwegen sind solche grandiosen Küstenlandschaften am besten erreichbar. Und sie bieten mit ihren zahllosen Gebirgsmassiven, Inseln, Fjorden und Gletschern eine unglaubliche Mannigfaltigkeit. Deshalb sind auch viele davon so begeistert, die einzigartige norwegische Natur und Landschaft zu entdecken und zu erleben.

Sund auf Moskenesøy/Lofoten

Norwegen

Die Kanzel

Fast 600 Meter überragt der gewaltige Granitklotz mit seinen nahezu senkrechten Wänden den Lysefjord. Der Wanderweg hinauf zu diesem berühmten Aussichtspunkt, zum Preikestolen (deutsch: die Kanzel), ist anstrengend – steil und steinig. Dafür bietet das Ziel eine überwältigende Sicht auf Fjord und Gebirge im südlichsten Teil des norwegischen Fjordlandes.

→ *Preikestolen am Lysefjord*

Jæren

Die einzige wirklich flache Küstenlandschaft Norwegens liegt südlich von Stavanger, gar nicht so weit vom Lysefjord entfernt. Das Jæren genannte Gebiet zeigt Küstenbilder, die man eher auf den Britischen Inseln als in Norwegen vermutet. Fruchtbare Äcker und saftige Wiesen, eingegrenzt von derben Steinmauern, werden zur Nordsee hin von niedrigen Steilufern und geröllreichen Stränden begrenzt.

← *Nordseeufer auf Jæren unweit von Kvassheim*

Geirangerfjord

Eine kaum fassbare Aussicht! Vom äußersten Ende des tiefen, schmalen Fjordes führen zwei Straßen in abenteuerlichen Serpentinen die Hänge hinauf – eine davon zur Dalsnibba, einem der bekanntesten Aussichtspunkte des Fjordlandes. Der grandiose Blick aus über tausend Meter Höhe bietet ein Bild vollendeter landschaftlicher Harmonie und Schönheit – bis sich dann ein riesiges Kreuzfahrtschiff in den Fjord hineinzwängt, um seine vollbesetzten Boote zum winzigen Anleger von Geiranger zu schicken. Dort warten bereits die Busse, um hunderte Passagiere zur Dalsnibba zu befördern.

→ *Blick vom Aussichtsberg Dalsnibba auf den Geirangerfjord*

↑ *Almhütten in Jotunheim*

Jotunheim

Skandinaviens höchstes Gebirge wartet auf mit spitzen Gipfeln, scharfen Graten, steilwandigen Hängen und blauschimmernden Gletschern. Zahlreiche Wanderwege führen durch die grandiose, sagenumwobene Bergwelt von Jotunheimen. Ein besonders beliebter Pfad führt über den Besseggen-Grat, der sogar in die Literatur eingegangen ist – durch Henrik Ibsens Drama »Peer Gynt«: Peer schildert seiner Mutter den halsbrecherischen Ritt auf einem Bock über die schmale, steile Stelle oberhalb des Gjende-Sees. Vermutlich wandern gerade deshalb so viele Norweger auf dem Besseggen-Grat.

→ *Blick zum Glittertind in Jotunheim*

Stabkirchen

Diese dunklen Holzkirchen besitzen eine ungewöhnliche Anziehungskraft. Einige der archaisch wirkenden Bauten entstanden bereits in der Zeit der Christianisierung im 12./13. Jahrhundert. Ihre eigenwillige Pfeilerkonstruktion scheint Wurzeln in der Schiffbaukunst der Wikinger zu haben, deren Ära damals langsam zu Ende ging. Die besonders schöne Stabkirche von Lom mit ihren geschnitzten Drachenköpfen über den Dachgiebeln und den zahlreichen anderen Schnitzereien zählt zu den ältesten Norwegens und wurde bereits um 1160 erbaut.

← *Die Stabkirche von Lom*

↑ *Eiskante am Engenbreen*

Talgletscher Engenbreen

Svartisen, der zweitgrößte Gletscher Norwegens, liegt als mächtige zweigeteilte Eiskappe auf einem küstennahen Gebirgsmassiv. Er schickt schmale Eiszungen in die Täler hinab – so auch den Engenbreen, der irgendwann einmal das ganze Tal füllte, das später zum Fjord wurde. Noch vor 100 Jahren reichte das Eis bis zur Moräne, die jetzt den Gletschersee vom Fjord trennt. Heute schmilzt auch der Engenbreen immer weiter, gibt schön geschliffene Gesteinsflächen frei. Gletscher verdeutlichen uns den beständigen Klimawandel. Vor 15 000 Jahren war ganz Skandinavien eisbedeckt, vor 6000 Jahren dagegen völlig eisfrei …

← *Blick zum Engenbreen – Talgletscher des Svartisen*

Tranøy fyr

Zu den weit entlegenen Sehenswürdigkeiten der Inselgruppe der Ofoten (nicht Lofoten!) gehört dieses Gebäudeensemble mit seinem stählernen Leuchtturm, dem Tranøy fyr. Von der kahlen Schäre vor Tranøy bietet sich ein einzigartiger Blick über den weiten Westfjord auf die berühmte Lofotwand, also auf die »Breitseite« der gesamten Lofoten-Inselkette, und die Vesterålen-Insel Hinnøy.

→ *Das Tranøy-Leuchtfeuer – im Hintergrund die Lofoten*

↑ *Das Hamsun-Zentrum in Presteid auf Hamarøy*

In Hamsuns Reich

Auf der Insel Hamarøy verbrachte Knut Hamsun, Norwegens überaus bedeutender Schriftsteller, die Kindheit und Jugend. In seinen großartigen Romanen beschreibt er das harte ländliche Leben in dieser nordnorwegischen Küstenlandschaft mit ergreifender Klarheit. Hier, mitten in »Hamsuns Reich«, setzte man dem eigenwilligen Literatur-Nobelpreisträger erst 60 Jahre nach seinem Tode ein Denkmal – eins der besonderen Art. Das Hamsun-Zentrum ist mit seiner ungewöhnlichen Architektur ebenso umstritten wie Knut Hamsun gegen Ende seines Lebens selbst. Denn noch heute fällt es den Norwegern schwer, ihm seine offen gezeigte Sympathie für den Nationalsozialismus zu verzeihen.

← *Blick zum Zentralmassiv von Hamarøy*

Windstille am Nordmeer

Sonntägliche Ruhe liegt an diesem kühlen Spätsommermorgen über der Hamarøy. Es rührt sich kein Lüftchen. Sogar die Wolken stehen bewegungslos unter dem hohen Himmel. Solche seltenen Stunden absoluter Stille gehören zum Zauber des Nordens. Sie können die Wellen und Runzeln auf der Seele glätten. Glück für den, der das erleben darf.

← *Bucht auf Hamarøy*

↑ *Spülsaum auf der Insel Senja*

Strandfunde

Muschelschalen, Schnecken- und Seeigelgehäuse, angespült an den hellen Sandstränden der Lofoten, sind beliebte Souvenirs jener Nordlandreisenden, die sich etwas Zeit für eine ausgedehnte Strandwanderung nehmen. Dazu gibt es im »Hohen Norden« Norwegens ausreichend Gelegenheit. Gerade hier liegen die breiten Kalksandstrände, die so manchen überraschenden Fund bieten.

← *Strandfunde von den Lofoten*

↑ *Seenelken am Bollwerk von Tranøy – fotografiert bei Ebbe*

Seenelken

Das Nordmeer gewährt uns hier und da einen Blick in sein üppiges Unterwasserleben. Wer sich an den vom bewegten Wasser beständig durchströmten Bollwerken oder Bootsstegen über die Kante beugt, schaut manchmal in eine wahre Wunderwelt, wie in einen blühenden Garten. Hier wiegen sich schönfarbige Weichtiere, filigrane Seenelken, in der Strömung. Dazwischen entdeckt man Seeigel und Seesterne, wachsen Miesmuscheln und Tange. Einen solchen Eindruck bekommen sonst nur Taucher bei ihren Unterwasserexkursionen.

→ *Seenelken an einem Schwimmsteg – fotografiert durch die Wasseroberfläche*

Beerenreiche Gegend

Lange, sonnige Sommertage lassen hoch im Norden die Früchte an den Beerensträuchern zu beachtlicher Größe wachsen und bei entsprechendem Wetter zu voller Süße reifen – Blaubeeren, Trunkelbeeren, Preiselbeeren, Himbeeren und Moltebeeren. Jene auffallenden Beeren, die stellenweise ganze Hänge in ein leuchtendes Rot tauchen, gehören zum Schwedischen Hartriegel. Sie sind zwar dekorativ, doch leider ungenießbar – dafür aber ein sehr interessantes Fotomotiv.

→ *Schwedischer Hartriegel auf der Keiservarde bei Digermulen/Hinnøy*

↑ *Alpenglühen am Mittelmassiv der Flakstadøy*

Alpenglühen

Die schroffen Berge an der Außenküste der Lofoten werden vom rötlichen Licht der soeben untergehenden Sonne beschienen. Sie heben sich bei dieser Beleuchtung besonders eindrucksvoll vom Vordergrund ab. Der wird nicht mehr von den Sonnenstrahlen erreicht und liegt bereits im Dämmerlicht. Nur wenige Augenblicke dauert dieses sich beständig ändernde, fantastische Farbenspiel – ein echter Zauber der Nordens.

↑ *Blick zum Mittelmassiv der Flakstadøy*

Winterfarben

Den Mut zur Farbe kann man manchen Nordländern kaum absprechen. Sie streichen ihre Holzhäuser nicht im üblichen braunroten Falunrød, dem typischen »Skandinavienrot«, sondern in viel leuchtenderen Farben. Das beobachtet man sowohl im äußersten Norden Norwegens als auch auf Island. Es mag vielleicht damit zusammenhängen, dass die Nordländer in den vielen dunklen, grauen, kalten Tagen des Winters sehr gern warme Farben sehen.

↑ *Hurtigrutenschiff vor Stockmarknes/Versterålen*

Hurtigrute

Gern bezeichnet man die weltbekannte Hurtigrute, die seit über 100 Jahren ihren Liniendienst entlang der norwegischen Küste versieht, als »Reichsstraße Nr. 1«. Sie ist längst eine Legende – auch an Zuverlässigkeit und Pünktlichkeit. Ihre Schiffe befördern nicht nur Touristen und Einheimische als Passagiere, sondern auch Fahrzeuge, Post- und Frachtsendungen. Für viele entlegene Hafenorte an der Nordmeerküste ist die Hurtigrute noch immer eine unverzichtbare Lebensader. Hier haben die zahlreichen Brücken längs der insel- und fjordreichen Ufer überall das Durchfahrtsmaß der Hurtigrutenschiffe.

→ *Hurtigrutenschiff an der Risøybrücke von Hinnøy nach Andøy*

Gebirge am Meer

Die schneebedeckten Gipfel ragen direkt aus dem Meer, aus einem stillen Fjord der Lofoten. Während in den Bergen bis hinab zum Ufer noch Winter herrscht, scheint der Fjord mit seinem sandigen Watt keine Jahreszeit zu kennen, keinen Schnee, kein Eis. Zwar kühlt sich das Wasser im Winterhalbjahr etwas ab, doch betragen die Temperaturunterschiede zum Sommer nur wenige Grad. Ursache für diese ungewöhnlich hohen winterlichen Wassertemperaturen ist der Golfstrom, der mit einem Ausläufer entlang der norwegischen Küste nach Norden fingert.

→ *Das Mittelmassiv der Flakstadøy/Lofoten*

↑ *Nusfjord auf Flakstadøy – Weltkulturerbe*

Flakstadøy

Die Lofoteninsel Flakstadøy ist – kommt man von Norden – die vorletzte der Inselgruppe. In der großartigen Landschaft nimmt sich das hölzerne Kirchlein von Flakstad eher bescheiden aus. Angeblich soll es aus angetriebenem sibirischen Bauholz errichtet worden sein, das von einem schiffbrüchigen schottischen Frachtsegler stammte. Daher das ungewöhnliche, russisch anmutende Zwiebeltürmchen. Ganz in der Nähe liegt der kleine Naturhafen von Nusfjord mit seinem aus dem 19. Jahrhundert stammenden Gebäudeensemble, das heute zum Weltkulturerbe der UNESCO gehört.

← *Die Kirche von Flakstad/Lofoten*

↑ *Angler beim mitternächtlichen Ausschlachten des Fanges*

Paradies der Angler

Jeder hat seinen eigenen Traum vom Norden. Manche träumen das ganze Jahr über vom Angeln in den fischreichen Gewässern vor der norwegischen Küste. Das ist verständlich, denn im skandinavischen »Paradies der Angler« finden sie nicht nur stilvolle Unterkunft. Sie können auch Boote, Bootsmotoren und komplettes Equipment ausleihen. Gute Fänge sind fast garantiert, ein Schlachtplatz ist immer vorhanden und natürlich die Tiefkühltruhe zur Aufbewahrung des Fanges – das Ganze in einer fantastischen Landschaft.

→ *Angelboote am Strand von Åmnes*

Abendgold

Es ist nicht immer die Mitternachtssonne, die für unvergessliche Abendstimmungen am Nordmeer sorgt. Auch manche Sonnenuntergänge bleiben in dauernder Erinnerung. Besonders im Spätsommer und Frühherbst bietet die dann sehr langsam hinter den Wolken und schließlich hinter den Horizont sinkende Sonne oft ein unglaubliches Lichtspiel am Himmel. Es wird manchmal sogar noch vom anschließenden Nachglühen übertroffen, wenn das Abendgold in ein feuriges, immer dunkler werdendes Rot übergeht.

← Abendblick von Åmnes zur Insel Bolga

↑ *Reine im Vorfrühling*

Reine

Der schmale, extrem steile Steig hinauf zum Aussichtsgipfel, den Reinebringen, hat es in sich. Dabei bietet er unterwegs an keiner Stelle eine Sicht auf das Erwartete. Dann erst, auf dem letzten der fünfhundert anstrengenden Höhenmeter, dieser grandiose Ausblick! Der Fischerort Reine, malerisch am stillen Kirchfjord gelegen, ist umgeben von steilwandigen Hochgebirgsgipfeln – einer der atemberaubenden landschaftlichen Höhepunkte der Lofoten. Traumhaft.

→ *Aussicht vom Reinebringen auf Reine*

Ebbe

Natürlich kann man überall an der Nordmeerküste auch die Gezeiten beobachten. Weil es aber kein so ausgedehntes Flachwasser gibt wie beispielsweise vor der deutschen Nordseeküste, läuft bei Ebbe vielerorts nur ein schmaler Ufersaum trocken. Lediglich an geschützten Stellen – so wie hier, vor den Inseln südlich von Steigen – liegt vor nassen Uferwiesen (Marschen) ein bescheidenes sandiges Watt.

↑ *Mittagsebbe in der Inselwelt vor Steigen*

Flut

Besonders große Unterschiede im Wasserstand zwischen Ebbe und Flut kennt man im Norden nicht, denn die anlaufende Flut wird in keiner großen Bucht oder Meerenge gestaut. Maximal drei Meter beträgt der Tidenhub bei Springtide. Meist fällt er wesentlich geringer aus. Trotzdem ist es auch hier ungemein faszinierend, das Wechselspiel der Gezeiten zu verfolgen. Das aber bedeutet immer auch Anhalten und Verweilen.

↑ *Nächtliches Hochwasser in der Inselwelt vor Steigen*

Heller Winter

Wenn sie von ihrem »hellen Winter« erzählen, kommen an der Küste lebende Nordländer manchmal ins Schwärmen. Im März steht die Sonne wieder hoch am Himmel und verzaubert die schneebedeckte Gebirgslandschaft. Im Vorland taut es hier und da tagsüber bereits kräftig. Nach der wochenlangen Dunkelheit tauen auch die Gemüter wieder auf. Auf die Frage, wie denn der oft noch schneelose »dunkle Winter« im November und Dezember so wäre, bekommt man vielleicht kleinlaut die ehrliche Antwort: »Schrecklich.«

→ *Das spätwinterliche Trolltindmassiv auf Austvågøy*

↑ *Trockengerüst auf Gimsøy*

Tausendjährige Tradition

Seit Menschengedenken ziehen im ausgehenden Winter die arktischen Dorsche von der Barentssee in großen Schwärmen zum Laichen in den Vestfjord zwischen den Lofoten und dem norwegischen Festland. Bereits länger als tausend Jahre gibt es in dieser Zeit die legendäre Lofotfischerei und das Trocknen der Fische. Noch heute konserviert man einen guten Teil des Fanges auf diese archaische Weise – ohne Salz. Mit dem Ende der Fangsaison sollen noch immer etwa 400 000 Quadratmeter der Lofotinseln mit zum Trocknen aufgehängten Dorschen bedeckt sein. Stockfisch wird kaum in Norwegen verzehrt, sondern hauptsächlich in südeuropäische Länder exportiert.

↑ *Hängen der Dorsche auf ein Trockengerüst*

Stockfisch

Die angelandeten Dorsche werden sofort ausgeschlachtet, zwei und zwei an den Schwänzen zusammengebunden und anschließend auf die Trockengerüste gehängt. Diese stehen an ganz bestimmten frostfreien Uferplätzen. Im Laufe von sechs bis acht Wochen trocknen die Fische, verlieren dabei etwa 70 Prozent der Feuchtigkeit, werden knochenhart und sind – so konserviert – bei sachgemäßer Lagerung ohne Kühlung jahrelang haltbar. Längere Zeit gewässert, erhält der Stockfisch viel von seiner ursprüglichen Konsistenz zurück. Einst als Fastenspeise in ganz Europa hoch begehrt, gehört er noch heute zur traditionellen mediterranen Küche.

↑ *Trockengerüst in Svolvær/Lofoten*

Stockfischmuseum

Die zahlreichen Sommerbesucher des Stockfischmuseums (Tørrfiskmuseum) im traditionsreichen Fischerdorf Å auf Moskenesøy erfahren alles über die Lofotfischerei und den Stockfisch. Eine solche beeindruckende Situation wie auf dem Foto, aufgenommen direkt vor dem Museum, bleibt ihnen aber vorenthalten. Denn spätestens am 15. Juni müssen nach uralter Regel die Trockengerüste geräumt und der Stockfisch sachgerecht eingelagert sein. Die sommerlich leeren Holzgerüste lassen manche Touristen zu Unrecht vermuten, dass diese Konservierungsmethode längst passé sei.

← *Trocknende Dorsche vor dem Stockfischmuseum in Å/Lofoten*

↑ *Schneckenstrand mit Seeigelgehäuse*

Spülsaum

An einigen sandigen Stränden des Nordens liegen Millionen winziger Schnecken am Spülsaum – die meisten bräunlich, manche leuchtendgelb, grünlich oder orange. Es handelt sich dabei um eine kleine Art der Strandschnecken, die in großer Zahl in den »Wäldern des Meeres« – in den dichten Tangbeständen des Flachwassers – lebt. Betrachtet man ihre schönen Gehäuse genauer, so erkennt man, dass sie nicht nur ganz unterschiedlich gefärbt, sondern auch ebenso vielfältig gezeichnet sind. Das Seeigelgehäuse auf dem Foto bietet einen guten Größenvergleich.

↑ *Islandmuschelschale*

Islandmuschel

Die handtellergroßen, stabilen, bauchigen Schalen der Islandmuschel zählen zu den besonders charakteristischen Strandfunden des Nordens. Ihr Name deutet darauf hin, dass sie vor allem in kalten nördlichen Gewässern zu Hause ist. Frisch am Strand ausgeworfen, zeigt sie noch ihre typische dunkelbraune Schalenhaut, die aber im trockenen Zustand leicht abblättert. Liegen die leeren Schalen längere Zeit im sandigen Grund, so werden sie kalkweiß, manchmal auch leicht rosa – man könnte meinen, es sei ein andere Muschelart.

↑ *Rørbu in Nusfjord/Lofoten*

Rørbuer

Zu Tausenden strömten früher »Gastfischer« mit ihren kleinen Booten zur Lofotfischerei auf die Inseln. Unterkunft fanden sie in primitiven Holzhütten, Rørbu, die aus Platzmangel oft auf Pfählen am Ufer errichtet wurden. Noch immer gibt es zahlreiche, im typischen Falunrød gestrichene Rørbuer. Längst sind die meisten komfortabel eingerichtet – im Winter auch heute von Gastfischern gern gemietete Quartiere, im Sommer stilvolle Ferienwohnungen.

→ *Rørbuer in Å/Lofoten*

Måtind

Nur wenige hohe Berggipfel des Nordlandes schieben sich so markant gegen den Atlantik vor wie der etwa 500 Meter hohe Måtind auf der Vesteråleninsel Andøy. Über seine sanft ansteigende Ostflanke bequem zu erwandern, bietet er einen überwältigenden Blick auf Land und Meer – auf die kompakten Gebirgsmassive der Insel und die zwischen ihnen liegenden, völlig ebenen Moorlandschaften. Unablässig arbeitet die Brandung bei Flut an den schroffen seeseitigen Wänden des Måtind und hat dabei eines der höchsten aktiven Steilufer Norwegens geschaffen.

→ *Blick zum Måtind auf Andøy/Vesterålen*

↑ *Mitternachtssonne in Hovden auf Langøy*

Mitternachtssonne

Endlich ein wolkenloser Abend! Darauf haben viele der Nordlandfahrer gewartet, zu deren lang gehegten Erlebniswünschen die Mitternachtssonne gehört. Sie treffen sich erwartungsvoll an jenen wenigen Küstenpunkten, die einen freien Blick nach Norden gewähren. Heute also ist es so weit. Der Sonnenball am Himmel verliert an Strahlkraft, färbt den Himmel tiefrot, nähert sich sehr langsam dem Horizont. Schließlich, um ein Uhr nachts (Sommerzeit!), berührt er ihn, um dann ganz, ganz sacht wieder aufzusteigen. Inzwischen ist es längst bitterkalt geworden. Gegen drei Uhr morgens beginnt die nunmehr wieder goldene Sonne langsam zu wärmen.

← *Zwei Uhr morgens früh in Hovden auf Langøy*

Polarsommer

Solche Sommertage in der Arktis vergisst man nicht. Die Sonne steht unglaublich lange hoch am Himmel. Das Thermometer zeigt vierundzwanzig Grad. Es ist völlig windstill. Die Luft über der Landschaft flimmert. Das Nordmeer vor der Küste wird von winzigen Wellen gekräuselt. Sanft schlagen sie gegen das Ufer. Nun sind auch die Strände belebt, hauptsächlich von Einheimischen, die solche warmen Tage ebenso genießen wie die Nordlandfahrer. Nur ins Wasser mag niemand gehen, denn das Meer ist kaum halb so warm wie die Luft.

→ *Strand von Hovden auf Langøy/Vesterålen*

www.yr.no

Zutreffende Wettervorhersagen sind für die Norweger von existenzieller Bedeutung. Daher bietet der staatliche norwegische Wetterdienst (Meteorologisk Institutt) wohl auch weit und breit die genauesten Wetterprognosen. Nicht nur Nordlandfahrer wissen den werbefreien Service zu schätzen. Bei Eingabe seines Standortes auf der Webseite yr.no erhält man eine perfekte Vorhersage, nach der sich Urlaubsaktivitäten stundengenau planen lassen – bei der legendären Unbeständigkeit des Nordlandwetters sicher ein großer Vorteil.

→ *Regentag am Polarkreis*

↑ *Abendstimmung über der Bleiksøy auf Andøy/Vesterålen*

Bleiksøy

Die markante spitzgipfelige Felsinsel vor dem sehenswerten Fischerdorf Bleik auf Andøy ist das auserwählte Ziel vieler reisefreudiger Vogelfreunde. Die steilen Wände der Insel sind Brutstätte tausender Papageitaucher. Mit einem kleinen Fischkutter startet man von Bleik aus zur »Vogelsafari«, bei der die Insel umrundet, aber nicht betreten wird. Der Blick vom Ufer zur Insel ist dagegen ein bei Fotofreunden beliebtes Motiv – sei es mit den dekorativen Findlingen der naturgeschützten »Bleiksmorän« als Vordergrund oder als dramatischer Schattenriss am Abend.

→ *Geschiebeblockstrand von Bleik auf Andøy – Blick zur Bleiksøy*

↑ *Pilzernte auf Hadseløy/Vesterålen*

Pilzwanderung

So unglaublich die Berichte mancher Angler von ihren Fängen im Nordmeer erscheinen – Pilzsammler berichten aus der Arktis ebenso Erstaunliches. Aus allen nordnorwegischen Birkenwäldern leuchten im Spätsommer die Hüte der Rotkappen. Und in den zahlreichen Nadelwaldplantagen wächst eine solche Vielzahl von Pilzen, dass es eine wahre Freude ist, nach einer Wanderung »die Strecke zu legen«. Dabei sind kiloschwere Steinpilze durchaus keine Seltenheit. Für die Einheimischen sind pilzsammelnde Touristen übrigens keine Konkurrenz – Norweger essen aus Tradition keine Waldpilze.

← *Waldwanderung auf Hadseløy/Vesterålen*

Felswatt

Wie eine überflutete Wiese erscheint dieses weite Felswatt an der Außenküste von Andøy bei Ebbe. Überall, wo es im Flachwasser felsigen Untergrund gibt, trägt dieser auch einen dichten, niedrigen Bewuchs aus grünlichen Meeresalgen, aus Tangen, den »Pflanzen des Meeres«. Nicht alle Tange mögen es, auf den »Wiesen des Meeres« bei Ebbe so trocken zu liegen. Die viel größeren in den »Wäldern des Meeres« wachsen im etwas tieferen Wasser, alle aber möglichst nahe am Sonnenlicht. Das brauchen Tange ebenso für ihr Wachstum wie Gras und Bäume.

→ *Felswatt am Außenstrand von Andøy/Vesterålen*

Lofotwinter

Immer wieder verzaubert das unvergleichliche Licht die nordische Landschaft. Manchmal scheint die Sonne im späten Winter durch hohe schleierartige Wolken so auf die bizarre, verschneite Gebirgswelt der Inseln, dass man an ein romantisches Gemälde erinnert wird. Ist es stürmisch, so ändert sich die Stimmung wie im Fluge. Bei Windstille dagegen scheint alles wie erstarrt.

← *Das winterliche Gebirgsmassiv auf Flakstadøy/Lofoten*

Herzseeigel

Auf den ersten Blick erscheinen sie tatsächlich wie kleine Igel. Manche behalten das zarte Stachelkeid auf der papierdünnen Kalkschale auch dann, wenn sie auf den Strand geworfen werden. Ihrer dünnen, zerbrechlichen Schale wegen auch als Papierseeigel bezeichnet, zeigt ihr stachelloses Gehäuse eine typische Herzform. Sie leben im Flachwasser, eingegraben im sandig-schlammigen Meeresboden und daher recht sicher. Die weißschaligen »entstachelten« Gehäuse eignen sich ihrer Zerbrechlichkeit wegen kaum als Urlaubssouvenir.

↑ *Herzseeigel am Spülsaum auf den Lofoten*

Strandseeigel

Man findet ihre Gehäuse häufig am Spülsaum, aber sie leben keinesfalls am Strand. Die dekorativen Hüllen tragen beim lebenden Tier noch ein dichtes Stachelkleid. Auf diesen Stacheln, die ihnen etwas Schutz vor »Fressfeinden« bieten, können sie sich recht gut über unebenen Meeresboden bewegen. Die am Strand gefundenen Gehäuse haben meist keine Stacheln mehr, zeigen eine reizvolle Zeichnung und werden gern mit nach Hause genommen. So dicht liegen sie übrigens nicht am Spülsaum – hier hat der Fotograf nachgeholfen.

↑ *Spülsaum auf Gimsøy*

Lyngsfjord

Wer auf der E4 am Ufer dieses Fjords zum Nordkap unterwegs ist, hat auf seiner Reise möglicherweise bereits zweitausend Kilometer auf norwegischen Straßen zurückgelegt. Entsprechend vielfältig und großartig waren die bisherigen Eindrücke. So kann es sein, dass sich Ermüdung einstellt und die fantastische Szenerie von Lyngsfjord und Lyngsalpen kaum noch Beachtung findet. Dabei stellt gerade dieses bizarre Hochgebirgsmassiv an dem von Norden her fast einhundert Kilometer tief ins Land eingreifenden Fjord eine wahrhafte Krönung nordnorwegischer Landschaften dar.

← *Blick über den Lyngsfjord auf die Lyngsalpen*

Weidenröschen

Die leuchtend roten Flächen an weniger steilen Ufern mancher Nordmeerfjorde bieten im Hochsommer eine wahre Augenweide, herrliche Farbflecke in einer dramatischen Landschaft. Ihr üppiges Wachstum verrät, dass die Weidenröschen auf fruchtbarem Boden gedeihen – auf einstigen Ackerflächen, die heute nicht mehr bestellt werden. Früher baute man hier Kartoffeln oder Getreide an. Dabei waren dem Aufwand entsprechende Erträge keinesfalls garantiert und stark abhängig vom jeweiligen Sommerwetter.

→ *Weidenröschen am Lyngsfjord*

Lyngsalpen

Wer den Norden beschreiben will, kommt oft am Wort »grandios« kaum vorbei – so auch bei diesem Blick auf die Lyngsalpen. Sie steigen fast 2000 Meter direkt aus dem Meer auf und wirken mit ihren wahrhaft alpinen Gipfeln, Talgletschern und Abbrüchen bei einer solchen Wetterstimmung fast bedrohlich.

← Blick über den Lyngsfjord auf einen Talgletscher der Lyngsalpen

↑ *Gletscherbach im Steindalen*

Steindalen

Von den Höhen der Lyngsalpen fingern schmale Gletscherzungen hinein in jene tiefen, steilwandigen Täler, die einst von ihnen selbst ausgeschürft wurden. Auf verschwiegenen Pfaden, die längs des milchigweißen, schäumenden Gletscherbaches anfangs durch hohen Birkenwald, später aber über Talwiesen und Geröllfelder führen, gelangt der Wanderer schließlich zu einer dieser Gletscherzungen.

→ *Steindalsgletscher*

↑ *Felszeichnungen auf früheren Schären in Alta*

Felszeichnungen

In die von eiszeitlichen Gletschern geschliffenen Sandstein-Felsbuckel am landschaftlich schönen Ufer des Altafjordes hämmerten steinzeitliche Jäger die Konturen ihrer Beutetiere, Jagdszenen und Boote. Erst 1972 entdeckte man die über 4 000 verschiedenen Felszeichnungen, die vor etwa 6 500 bis 2 000 Jahren entstanden, als die Gesteinsflächen noch in Meeresspiegelhöhe lagen. Heute zählen sie zum Weltkulturerbe der UNESCO.

← *Felszeichnungen von Alta – Erbe der Weltkultur*

↑ *Häutungsreste von Königskrabben am Porsangerfjord*

Steinwatt im Porsangerfjord

Tonnenschwere Findlinge liegen, wie von Riesenhand verstreut, sehr dekorativ auf dem weithin flachen Grund dieses Eismeerfjordes. Dazwischen sind nicht nur grobe Tange zu finden, sondern auch die farbintensiven Häutungsreste von Königskrabben. Erst vor 50 Jahren wurde diese nordpazifische Krabbenart von russischen Forschern in der Barentssee nahe Murmansk ausgesetzt, wo sie sich erwartungsgemäß stark vermehrte. Inzwischen besiedelt sie die polaren Küstengewässer bis hin zu den Lofoten. Ihr wohlschmeckendes Fleisch ist sehr begehrt.

→ *Steinwatt im Porsangerfjord*

Trollholmen

Der Sage nach tanzten und tranken Trolle die ganze Nacht auf diesem schmalen Landvorsprung – und vergaßen dabei die Zeit. Da ging die Sonne auf. Ihre Strahlen ließen die Trolle zu Steinsäulen erstarren. Und die stehen noch immer auf Trollholmen. Nüchterne Geologen erklären diese markanten Gebilde ganz anders. Es sind durch Verwitterung und marine Erosion freipräparierte härtere Partien im Dolomitmarmor. Wie dem auch sei: Hier am hellen Ufer des Porsangerfjords stehen sie malerisch an exponierter Stelle – und natürlich unter Naturschutz.

← *Marmorsäulen auf Trollholmen am Porsangerfjord*

↑ *Traumziel vieler Nordlandreisender*

Nordkap

Als Traumziel Nummer Eins vieler Nordlandreisender gilt das kleine, fast 300 Meter hoch auf einem Schieferfelsen über der Barentssee gelegene Plateau – das Nordkap. Wer Glück hat, erlebt Europas Nordspitze bei gutem Wetter. Dann spürt man bei den Besuchern alle Nuancen von Glücksgefühlen. Andere aber müssen sich im dichten Nebel den Weg zum Globus suchen. Gut, etwas mehr Zeit zu haben auf Magerøy, denn das Wetter am Kap wechselt besonders schnell. Schon eine Stunde später kann eisiger, wattiger Nebel strahlendem Sonnenschein weichen.

→ *Blick vom Nordkapfelsen nach Osten*

↑ *Tufurhügel am Sletnes fyr*

Leuchtturm am Eismeer

»Nördlichster Festlandsleuchtturm der Welt« – so steht es auf einer Informationstafel am Turm von Sletnes fyr an der Außenküste der Halbinsel Nordkinn, am Ufer der Barentssee. Bei solchem warmen Polarsommerwetter eine wahre Idylle: rot-weißer Kontrast der Gebäude, malerische Klippen, ein Stückchen weißer Strand, blühende Trollblumen … Die eigenartigen kleinen Hügel – Tufurhügel – auf den Tundrawiesen in der Nähe sind Zeugnis von Dauerfrostboden; bewachsene Strandwälle zeigen fortschreitende Landhebung an.

← *Sletnes fyr – nördlichster Festlandsleuchtturm der Welt*

↑ *Nordküste der Varanger-Halbinsel*

Geologisches Schaufenster

Die Varanger-Halbinsel liegt im äußersten polaren Nordosten Norwegens. Ihre felsigen Hänge an der entlegenen Außenküste, einst aktive Steilufer, überraschen mit einem völlig ungewöhnlichen Landschaftsbild – mit senkrecht stehenden, verschiedenfarbigen Tonschieferschichten. Am Ufer, in der Brandungszone, schauen sie kulissenartig scharfkantig aus dem plattigen Strandgeröll. Wenn dazwischen eventuell noch Rentiere und Schafe nach frisch ausgeworfenem Tang suchen, erscheint die Szenerie völlig unwirklich.

→ *Steilgestellte Tonschiefer an der Nordküste der Varanger-Halbinsel*

Schweden

Vielfältige Landschaften an einer über 2 500 Kilometer langen Küste, zahllose Inseln und Seen, harmonische Kulturlandschaften, weite, einsame Wälder und Berge. Das größte Land der skandinavischen Halbinsel ist landschaftlich sicher weniger spektakulär als Norwegen, besitzt aber eine ähnlich abwechslungsreiche, wunderschöne Vielfalt.

Schären vor Bohuslän an der schwedischen Westküste

↑ *Fjällrinder auf den Hügeln bei Backåkra/Schonen*

Haus in den Hügeln

In den trockenen Hügeln an der Küste nahe Sandhammeren, dem südöstlichsten Ufer von Schonen, liegt das Gehöft Backåkra. Dort findet man eine Gedenkstätte für den früheren UN-Generalsekretär Dag Hammarskjöld. Dieser landschaftstypische Schonenhof war sein Sommerhaus. Zwei Dutzend Kilometer nordwestlich gibt es – in der Nähe von Ystad, im Weiler Vest Vämmenhög – einen ganz ähnlichen kleinen Hof. Dort lässt Selma Lagerlöf ihre »Wunderbare Reise des kleinen Nils Holgersson mit den Wildgänsen« beginnen und enden. Die schwedische Literatur-Nobelpreisträgerin beschreibt im Roman nicht nur die Abenteuer des in einen Wichtel verwandelten Schuljungen Nils, sondern auch in einzigartiger Weise schwedische Natur, Landschaft, Kultur und Geschichte.

← *Dag Hammarskjölds Haus in den Hügeln von Backåkra/Schonen*

Windmühlen auf Öland

Als bizarre Zeugen vergangener Zeiten stehen die Windmühlen von Lerkaka im Abendschein der untergehenden Wintersonne. Nirgendwo im Norden gab es so viele von ihnen – in keiner anderen Region blieben so viele erhalten. Die flache, karge Kalksteininsel Öland galt früher als die Kornkammer des Nordens. Jedes Bauerngehöft besaß eine eigene »Stoppelmühle«, in der Getreide als Viehfutter geschrotet wurde. Das Mahlen des Brotgetreides zu Mehl übernahm natürlich der professionelle Müller in einer »richtigen« Windmühle.

→ *Stoppelmühlen auf einem Strandwall bei Lerkaka/Öland*

Himmelsberga

Wer nach Himmelsberga kommt, fühlt sich ins 19. Jahrhundert zurückgesetzt. Das kleine Museumsdorf, fast in der geografischen Mitte von Öland gelegen, nimmt den Besucher durch seine anheimelnde Atmosphäre gefangen. Die originalen Gebäude mit ihren schlichten Einrichtungen vermitteln den Eindruck einer heilen, gemütlichen Welt, nach der sich heute viele sehnen. Wie hart das Leben auf der kargen Insel – besonders im Winter – tatsächlich war, kann man in schriftlichen Überlieferungen lesen. Warm und gemütlich ging es damals bestimmt nicht zu.

← *Museumshof in Himmelsberga/Öland*

Herbst auf Öland

Auf einer Herbstreise nach Öland wurde Gefundenes und Gesammeltes aus Freude an Farben und Formen auf dem Holztisch des Campingplatzes arrangiert. Die letzten Waldpilze gehören ebenso dazu wie das Fallobst, die Fossilien vom Strand und die Beeren aus den Hecken. Der Kürbis stammt vom Markt des alljährlich Ende September stattfindenden großen Öländer Skördefestes, des vielbesuchten Erntefestes. Ist das vorbei, wird es auf Öland rasch sehr, sehr still und einsam.

Herbstfunde von Strand, Wald und Feld

↑ *Kirchenportal in Gammelgarn*

Gotländische Dorfkirchen

Auf der größten Insel der zentralen Ostsee gibt es fast einhundert Landkirchen. Die meisten entstanden im 13./14. Jahrhundert. Alle sind sie aus hellem gotländischen Kalk erbaut – dem auf Gotland überall wohlfeilen, leicht zu bearbeitenden Baustein. Mit hohen Spitztürmen dominieren sie die waldreiche, flache Insel. Oft vermisst man in der ländlichen Umgebung eine ihrer beachtlichen Größe entsprechende Siedlung. Diese Dorfkirchen stammen aus Gotlands »Goldener Zeit« im Mittelalter und dokumentieren einen beachtlichen Reichtum der Bauern und Grundbesitzer, die mit ihrer »Bauernrepublik« in Konkurrenz zur noch reicheren Hansestadt Visby standen. Heute sind diese Kirchen das bevorzugte Reiseziel jener, die im Norden architektonische Kostbarkeiten suchen.

→ *Die Dorfkirche von Bunge auf Gotland*

Gehöft auf Fårö

Fotogene »Inselwolken« hängen über Fårö, dem nordöstlich von Gotland gelegenen Kalksteinland. Sie bilden sich regelmäßig im Laufe des Vormittags, wenn die Sonne nach nächtlichen Schauern das durchfeuchtete Land erwärmt. Mauern aus plattigem Kalkstein und rundgeschliffenen Geschieben sind ebenso typisch für Fårö (die Schafinsel) wie die niedrigen Kiefern- und Wacholderbestände auf den kargen Böden, die eigentlich nur noch als Schafweide taugen. An dieser Landschaft scheiden sich die Geister. Während sie die einen konsequent meiden, finden andere gerade an ihr Gefallen – so der weltbekannte schwedische Regisseur Ingmar Bergman, der die Insel liebte, auf ihr seinen Hauptwohnsitz hatte und hier auch starb.

→ *Eines der Gehöfte von Ingmar Bergman im Wald auf Fårö*

Steenkusten

In der weiten Inseleinsamkeit der kargen Geröllstrände im Nordosten von Fårö stößt man auf dieses archaisch wirkende Ensemble kleiner Fischerhütten. Auch hier ist die Zeit, in der die Fischerei viele Männer redlich ernährte, längst vorbei. Nur hin und wieder steht da ein Auto, ist ein Mensch zu sehen – meist ein Angler, manchmal sogar der einzige alte Fischer, der hier noch tätig ist und mit seinem schwarzgeteerten Boot die Heringsnetze einholt.
Nur in der Erinnerung bleiben die alten Zeiten, in denen hier reges Leben und Treiben herrschte, reihenweise Heringstonnen gefüllt und dann möglicherweise mit den Booten hinausgebracht wurden zu dort ankernden Hansekoggen.

← *Die Fischerhütten von Helgumannen auf Fårö*

Visby

Manche Türme der nahezu vollständig erhaltenen, dreieinhalb Kilometer langen mittelalterlichen Stadtmauer von Visby neigen sich leicht nach außen. Das aus hellem gotländischen Kalkstein errichtete gewaltige Bauwerk kündet noch heute von Größe und Macht der zeitweise bedeutendsten und reichsten aller Hansestädte im Ostseeraum. Das war im 13./14. Jahrhundert. Der alsbald folgende Niedergang war tief und endgültig. Heute gibt es innerhalb der Stadtmauer, in der als Weltkulturerbe der UNESCO geschützten Altstadt, nur wenige intakte Bauten, die an die einstige Rolle Visbys erinnern. Der Wind streicht durch zahlreiche mittelalterliche Kirchenruinen …

→ *Die Stadtmauer von Visby auf Gotland*

↑ *Schiffssetzung Ales stenar bei Ystad*

Ales stenar

Hoch über der Ostsee, auf dem kurzrasigen Wiesengelände über dem Steilufer von Kåseberga, unweit von Ystad, liegt die größte Schiffssetzung Skandinaviens. Ihre 59 tonnenschweren Steine sollen vor etwa 2 500 Jahren in dieser Form aufgestellt worden sein. So wie zahlreiche andere nordische Schiffssetzungen waren wohl auch Ales stenar der massive Rahmen für einstige Begräbnisstätten – für Brand- oder Urnengräber. Genauer aber kennt man weder die einstige Funktion noch die Architekten dieses Bauwerkes. Vielleicht ist es nicht nur die sehenswerte Anlage, sondern auch das Rätselhafte, Mystische, das so viele Besucher hierher lockt.

↑ *Runenstein an der Ostküste von Öland*

Runenstein

Solche markanten Steine stehen an vielen Stellen in der skandinavischen Landschaft. Etwa 2 800 davon gibt es allein in Schweden; viele auf Öland und Gotland. Sie tragen eingeritzte, oft kunstvoll gestaltete Schriftbänder mit Runentexten, die an Verstorbene oder Gefallene erinnern, manchmal auch eigene Leistungen beschreiben. Wer die verschiedenen Runenalphabete beherrscht, kann möglicherweise sogar die Texte entziffern. Es sind also Gedenksteine, die zumeist aus der Wikingerzeit stammen. Manche der Stelen tragen auch Verzierungen. Weit verbreitet sind Schlangen- oder Drachenmotive.

↑ *Rauk in der Lautervik auf Fårö*

Raukar

Die Szenerien erscheinen unwirklich, künstlich – wie überdimensionale Filmkulissen. Und doch sind die skurrilen Kalksteinplastiken am steinigen Strand und im seichten Flachwasser der Insel Fårö vor Gotland ganz und gar natürlicher Entstehung. Das Meer hat sie aus hellen Kalksteinen herauspräpariert, die vor 420 Millionen Jahren in den Korallenriffen eines tropischen Meeres entstanden. Heute sind es vielbewunderte Naturdenkmäler, von zahlreichen Touristen bestaunt.

→ *Raukarformation am Langhammershammeren auf Fårö*

Steinwald

Auf solche Blockmeere aus tonnenschweren Steinbrocken trifft man beim Pilzsammeln mitten im Kiefernwald auf der nördlichsten bewohnten Ostseeinsel. Derartige Steinwälder gibt es hier und da in den Wäldern an den Ufern im Norden der Bottenwiek. Es sind ungewöhnlich dichte Konzentrationen von schwergewichtigen eiszeitlichen Geschieben. Einst lagen sie verstreut auf dem flachen Meeresboden, also unter dem Meeresspiegel. Im Zuge der anhaltenden Landhebung aber gelangten sie in Ufernähe und wurden hier bei Winterstürmen durch das Packeis mit großer Gewalt an der Küste zusammengeschoben.

← *Geschiebe-Blockmeer im Wald auf Seskarö/Bottenwiek*

↑ *Landkartenflechten auf Rapakivi*

Klappersteinfeld

Läuft (oder besser kraxelt) man über die groben Gesteinsbrocken dieser Blockmeere, so wackeln manche. Dabei entsteht ein klapperndes Geräusch. Deshalb nennt man sie in Schweden gern Klappersteine. Es sind uralte Strandwälle, die ältesten etwa 9000 Jahre alt. Sie entstanden in Meeresspiegelhöhe, liegen aber heute, bedingt durch die starke Landhebung, bis zu 280 Meter darüber. In so langer Zeit bewachsen auch nackte Gesteinsbrocken – hier mit Flechten besonderer Art, den Landkartenflechten. Deren Wuchsformen und Farben lassen tatsächlich interessante Muster entstehen, die entfernt an Landkarten erinnern.

← *»Klappersteinfeld« auf Högklinten/Höga Kusten*

↑ *Frisch abgeworfene Geweihstange eines Rentiers*

Waldbilder

Fährt man durch Schweden, so geht es über weite Strecken nur durch Wald. Im ausgedehnten Norrland dominieren die Nadelwälder. Fichten wachsen bevorzugt auf felsigem Grund, Kiefern auf sandigem. Die lichten Kiefernwälder des Nordens sind vielfach »Rentierwälder«, in denen sich die Tiere über Winter aufhalten. Mancher Nordlandfahrer weiß, dass man hier ab und zu Rentiergeweihe finden kann. Aber nur wenige haben wohl solch ein Glück wie der Autor, der bei einer Wanderung zufällig ein frisch abgeworfenes Geweih entdeckte.

→ *Nordischer Kiefernwald an der Höga Kusten*

Luleå Gammelstad

Die Kirchspiele im waldreichen, dünn besiedelten Nordschweden waren einst riesig, die Wege zum Gottesdienst entsprechend lang und der Kirchgang für jedermann Pflicht. So errichtete man sich nahe der Kirche eine Übernachtungsmöglichkeit. Auf diese Weise entstanden die etwa 400 winzigen, dicht aneinander gebauten und falunrot gestrichenen Holzhäuschen von Gammelstad. Nur wenige derartige Kirchdörfer blieben in Schweden erhalten. Liebevoll gepflegt, gehört das von Luleå heute zum UNESCO-Weltkulturerbe.

→ *Das historische Kirchdorf Gammelstad bei Luleå*

Am Siljansee

Bergiges Waldland umgibt einen der schönsten Seen Schwedens, den Siljan. Gern als das »Herz Dalarnas« bezeichnet, beeindrucken Landschaft wie Bebauung am See durch ihre reizvolle Harmonie. Dabei ging es hier in früheren Zeiten ungemein dramatisch zu: Die Hohlform des Sees entstand durch einen gewaltigen Asteroideneinschlag vor etwa 400 Millionen Jahren. Das Inlandeis schürfte die weicheren Ablagerungen, mit denen sie später gefüllt wurde, wieder aus. Erst danach füllte sich der See. Heute gibt es an seinen Ufern sowohl im Sommer wie im Winter die vielfältigsten touristischen Aktivitäten – ein beliebtes Zentrum des schwedisches Fremdenverkehrs.

← *Blick auf Siljansnäs am Siljansee*

↑ *Blick von Mjältö – der höchsten Ostseeinsel*

Rote Küste

Intensiv farbiger Rapakivi, eine spezielle Art von Granit, lässt die Klippen mancher Ufersäume im Norden der Ostsee rot leuchten. Auch die kahlen Gipfelklippen einiger Inseln zeigen die ungewöhnliche Farbigkeit des Gesteins. So ist es auch auf Mjältö, der höchsten Ostseeinsel. Wer das Glück hat, bei sonnigem Wetter ihren Gipfel zu besteigen, kann aus 236 Metern Höhe die Aussicht auf den landschaftlich schönsten Teil von Höga Kusten genießen. Und ist sicher beeindruckt von diesen kräftigen Naturfarben des Nordens.

← *Rapakivi-Klippen bei Norrfällsviken/Höga Kusten*

↑ *Die Höga-Kusten-Brücke (Högakustenbron) über den Ångermanälven*

Bergland an der Küste

Eine solche bewaldete Berglandschaft findet man an der 2500 Kilometer langen schwedischen Küste nur hier – an der Hohen Küste (Höga Kusten) im Västernorrland, etwa 500 Kilometer nördlich von Stockholm. Kaum vorstellbar, dass hier noch vor etwa 9 000 Jahren nur die allerhöchsten Gipfel aus dem Wasser ragten. Das Phänomen der nacheiszeitlichen Landhebung wird nirgendwo auf der Erde so augenscheinlich wie in diesem Küstengebiet, das aus diesem Grunde seit dem Jahr 2000 zum Weltnaturerbe der UNESCO gehört.

→ *Berglandschaft mit Fjord an der Hohen Küste*

↑ *Gipfel des Sånfjället-Massivs*

Sånfjället

Wer Angst vor Bären hat, sollte nicht unbedingt auf den einsamen Pfaden im Sånfjäll-Massiv wandern. Hier ist die Wahrscheinlichkeit, auf Braunbären zu stoßen, größer als im übrigen Skandinavien. Wer dagegen unbedingt einen sehen möchte, der ist im Sånfjäll-Nationalpark im südlichen Norrland gut aufgehoben. Hier gibt es sogar Braunbär-Safaris. Der hohe, kahle Gipfel des Sånfjäll-Massivs überragt weithin sichtbar die bergige Waldlandschaft von Härjedalen. Entsprechend überwältigend ist die Aussicht von dem mit derben, hellen Quarzbrocken bedeckten, 1300 Meter hohen Gipfel.

← *Blick vom Sånfjället-Gipfel*

Im Fjäll

Viele der skandinavischen Gebirge haben sanft gerundete Formen. Liegen sie oberhalb der Baumgrenze, werden sie einfach Fjäll (norwegisch Fjell) genannt. Ihre weiträumige Bergtundra-Landschaft ist nur mit Zwergsträuchern, Flechten, Moos und einzelnen Birken bewachsen. In den Senken liegen Moore und Seen. Durchzogen von einem Netz markierter Pfade, bilden die Fjälle bevorzugte Wandergebiete der Nordländer. Abseits von den betriebsamen Touristenzentren findet man hier in der Bergeinsamkeit seine Ruhe, hat immer einen freien Blick und weite Aussicht, Wind und Wetter aus erster Hand. Gut für den, der es so mag.

→ *Fjäll nahe der norwegischen Grenze*

Finnland

Das weite, flache Land der Seen und Wälder ist der landschaftliche Kontrapunkt zum übrigen Skandinavien. Kenner schätzen Finnland gerade deshalb, denn auch hier kann der Norden zauberhaft sein. Viele träumen vom einsamen Ferienhaus im Wald am See, von einer Bootstour durch die Schären, von einer Reise zum fernen Inarisee ...

Ufer am Finnischen Meerbusen östlich von Kotka

Birken am Ufer

Einsames, flaches Waldland, von stillen Seen durchdrungen, mit weißstämmigen Birken am üppig bewachsenen Ufer – so stellt man sich die finnische Landschaft vor. Und so erlebt man sie auch an vielen Stellen. Richtig einsam allerdings ist es hier kaum, denn die Finnen wissen ihre eigene Natur am besten zu schätzen. Die meisten haben eine Hütte, stets mit einem Saunahäuschen daneben, oft ganz versteckt gelegen, irgendwo im Wald, am Ufer. So kommt es, dass man überall auf Einheimische stößt, die auch mit der sommerlichen Mückenplage besser umzugehen wissen als ihre Gäste.

→ *Bucht des Finnischen Meerbusens nahe Kemi*

Palastunturi

Natürlich gibt es auch etwas höhere Berge in Finnland. Um sie zu sehen, muss man aber in den Norden reisen. Nördlich vom Polarkreis, nahe der schwedischen Grenze, liegt das bewaldete Bergland von Palastunturi mit dem gleichnamigen Nationalpark. Diese Region ist bei Wanderern ebenso beliebt wie bei Skifahrern, bietet sie doch eine intakte nordische Landschaft, weite Aussichten von den höchsten Gipfeln und eine stattliche Zahl von Pisten und Loipen – ganz nach dem Geschmack der besonders naturverbundenen Finnen.

← *Berg- und Seenlandschaft im Palastunturi-Nationalpark*

Maakalla

Ein kleines Ausflugsboot bringt in knapp zweistündiger Fahrt die Touristen von Kalajoki aus hinaus auf die einsam in der Bottenwiek gelegene Schäre Maakalla – einst ein belebter Fischerplatz, eine ehemalige Vitte. Als einziges größeres Gebäude steht hier eine schlichte hölzerne Kapelle aus dem 18. Jahrhundert. Damals lebten bis zu 300 Fischer zeitweise auf dem Eiland, um von hier aus Strömlinge (kleine Heringe) zu fangen und vor Ort einzusalzen. Ein winziges Museum in einer der etwa 40 noch vorhandenen Fischerhütten gibt Einblicke in das extrem entbehrungsreiche Leben auf der kargen Felseninsel.

← *Fischerkapelle auf Maakalla/Bottenwiek*

↑ *„Schärenkreuzer« in der Inselwelt der Ålands*

Segelschiffe

Nie ging es auf den Ålands ohne Schiffe. Nur so erreichte man die Inselwelt; nur so konnte man sich versorgen. In der allerlängsten Zeit der Schifffahrtsgeschichte sorgte der Wind in den Segeln für den Antrieb. Lastensegler sind längst zu Museumsstücken geworden. So auch auf den Ålands. Im Hafen von Mariehamn bestaunt man die über einhundert Meter lange »Pommern«. Dieses Museumsschiff gilt als einzige im Originalzustand erhaltene Viermastbark. Daneben segelt man heute manchmal noch mit winzigen »Nussschalen« – den »Schärenkreuzern«, traditionellen, flachgehenden Booten des Schärenmeeres.

→ *Das Museumsschiff »Pommern« im Hafen von Mariehamn/Ålands*

POMMERN

↑ *Amphibolit-Einschluss im Rapakivi*

Rapakivi

Dieser eigenartige Name für das charakteristische rote Granitgestein, das man an vielen Stellen der finnischen Ostseeküste findet, kommt aus dem Finnischen und bedeutet »bröckelnder Stein«. Das bezieht sich auf eine besondere Art der Verwitterung. Die roten Ufersäume, die überall erkennbar sind, wurden nicht etwa von den Wellen blankgescheuert. Sie zeigen vielmehr an, bis zu welcher Höhe das vom Sturm gegen die Ufer getriebene schollige Eis dort gearbeitet hat. Und der Geologe erklärt mit größter Selbstverständlichkeit, dass die im rund 1 500 Millionen Jahre alten Rapakivi eingeschmolzenen dunklen Gesteinsschollen noch 300 Millionen Jahre älter sind.

← *Rapakivi-Klippen auf Gamlan/Ålands*

Karelien

Diese Aussicht vom Berg Koli gilt als einzigartig in ganz Finnland. Der Koli ist ein hohes, steiles Quarzriff – ein herausragender Härtling in der flachen, durch beeindruckend schöne Wälder und Seen charakterisierten Landschaft Kareliens. Dieses Gebiet nennt man gern »finnische Nationallandschaft«. Es steht als Nationalpark Koli unter Schutz. Hier erhielten zahlreiche Maler und Schriftsteller ihre Inspirationen. Finnlands großer Komponist Jean Sibelius schöpfte hier Impulse für seine vielgespielte Karelia-Suite. Karelien besitzt eine besondere mythologische Bedeutung im Bewusstsein der Finnen. Das spiegelt sich auch in der Kalevala wieder, ihrem Nationalepos. Deshalb empfinden manche ältere Finnen beim Blick weit nach Osten noch immer etwas Wehmut, reicht er doch über die nahe russische Grenze bis hinein in jene ausgedehnten Gebiete Kareliens, die vor dem Zweiten Weltkrieg zu Finnland gehörten.

→ Aussicht vom Berg Koli über den Pielinensee nach Osten

↑ *Rentierbulle*

Stau

In Finnland leben heute etwa 200 000 zahme Rene als »Haustiere« der Samen – fast alle nördlich vom Polarkreis. Sie ziehen im Sommer durch die arktischen Wälder, benutzen aber auch gern die Straßen. Eilige Autofahrer (meist Touristen) können sie schon einmal zur Verzweiflung bringen, wenn sie als unentschlossene Gruppe die Straße blockieren oder nicht ausweichen, sondern lange vor dem Auto herlaufen. Und stets queren sie unberechenbar die Fahrbahn. Hupen ist zwecklos, Vorsicht immer geboten.

← *Rentierherde auf einer Fernstraße in Nordfinnland*

↑ *Wollgras*

Moore

Nicht nur ausgedehnte Wälder und unzählige Seen gehören zum Bild der finnischen Landschaft. Je weiter man nach Norden reist, umso zahlreicher werden auch die Moore – kaum begehbare Naturräume, die vom sicheren Standort aus gesehen einen besonderen Reiz auf den Beobachter ausüben. Moose, Gräser, Zwergsträucher und einzeln stehende Kiefern oder Birken bestimmen das Bild der weiten Hochmoorflächen. Hier und da erscheinen sie im Spätsommer durch die auffallenden Fruchtstände des Wollgrases weiß gepunktet. Und man erkennt Kolke mit tiefbraunem Moorwasser ...

→ *Hochmoor in Nordfinnland*

↑ *Moltebeeren gedeihen an sumpfigen Stellen*

Beerenernte

Im Wald, auf Moor und Heide des Nordens reifen im Spätsommer die Wildbeeren – echte »Gaben der Natur«. Die tiefschwarzen Krähenbeeren ergeben einen vitaminreichen Saft; die granatroten Moosbeeren, etwas säuerlich, eine herzhafte Konfitüre. Heidelbeeren (auch Blaubeeren genannt – sehen aber ziemlich schwarz aus) schmecken ebenso unvergleichlich wie Waldhimbeeren; vollreife Trunkelbeeren (bläulich) wie Süßkirschen. Die herben Preiselbeeren eignen sich bestens für Konfitüre. Favorit vieler Skandinavier aber ist die leicht bitter-säuerlich schmeckende Moltebeere, die man gern zu Marmelade und Gelee verarbeitet.

← *Finnische Beeren aus Wald, Moor und Heide*

Am See

Finnland wird oft »Land der tausend Seen« genannt. Eine Zählung ergab, dass es hier tatsächlich aber etwa 190 000 Seen gibt, die größer sind als fünfhundert Quadratmeter. Besser also: »Land der hunderttausend Seen«. Der kleine, stille Waldsee auf dem Foto befindet sich mitten in den weiten Wäldern im südlichen Finnisch-Lappland. An ihm kommt man auf einem Wanderweg vorbei. Deshalb entdeckt man ihn überhaupt. Viele andere liegen völlig verschwiegen in der Waldeinsamkeit, sind nur auf schmalem Pfad erreichbar. Der führt fast immer zu einer kleinen Holzhütte mit winzigem Saunahäuschen am Seeufer. Dort gibt es dann auch einen Angelkahn – und Stille.

↑ *Kleiner Waldsee in Finnisch-Lappland*

Am Fluss

Die meisten finnischen Flüsse schicken ihr Wasser zur Ostsee. Ihr Ursprung liegt oft in den ausgedehnten, weit entlegenen Moorgebieten. Deshalb ist ihr Wasser zwar klar, aber durch Humussäuren intensiv bräunlich gefärbt. Viele Flüsse durchströmen beschaulich das flache Land. Manche besitzen zahlreiche Mäander – Flussschleifen mit sandigen oder grasbewachsenen Ufern am Gleithang. Dort liegen dann die traditionellen langen, schmalen Holzboote, die – heute natürlich von einem Motor angetrieben – überall auf den Flüssen im Einsatz sind, beim Fischen, zum Angeln und bei der Jagd.

↑ *Am Grenzfluss Torniojoki bei Pello*

↑ *Schären vor Hanko*

Schärenküste

Nur aus der Luft erhält man die Übersicht über die völlig flache Landschaft der südwestfinnischen Küste: unzählige Schären, Inselchen, Inseln und Halbinseln. Deren genaue Zahl ist unbekannt. Schätzungen bewegen sich zwischen 20 000 und 50 000 Inseln. Und durch die Landhebung kommen ständig neue hinzu. Schwer vorstellbar, dass das auf den beiden Fotos sichtbare Land noch vor 3 000 Jahren unter dem Meeresspiegel lag.

→ *Schärengürtel westlich von Hanko*

↑ *Eis in den Schären westlich von Helsinki*

Eiszeit

Der finnische Winter ist lang und kalt – dafür aber kaum einmal so schmuddelig wie oft hierzulande. Hoher Schnee und dickes Eis gehören im Norden zur Selbstverständlichkeit. Nach strengen Wintern bricht das küstennahe Eis im Bottnischen und Finnischen Meerbusen nicht selten erst nach fünf Monaten. Und manchmal schmelzen die letzten Reste des Winters erst im Mai. Dann aber sorgen die langen Tage dafür, dass sich das Land rasch aus seiner winterlichen Erstarrung löst und die nordische Natur ihren »Rückstand« in kurzer Zeit aufholt.

→ *Winterliche Schärenlandschaft vor Helsinki*

Island

Die »Insel aus Feuer und Eis«, geschaffen von Vulkanen und geformt von Gletschern, hat wenig Ähnlichkeit mit skandinavischen Landschaften. Hier gibt es ganz andere Gesteine, völlig andere Oberflächenformen und eine faszinierende Dynamik. Wer karge, kahle, rauhe Gegenden liebt, der findet sie hier auf Island – und einen ganz unvergleichlichen landschaftlichen Zauber.

Der Skeiðarársandur vor dem Skaftafellmassiv

Jökulsarlon

Islands größter Gletscher, der Vatnajökull, bedeckt mehrere ruhende Vulkane. Hier schickt er aus majestätischer Höhe seine Eiszungen in Richtung Meer. Eine von ihnen gleitet in diesen Strandsee, den Jökulsarlon, und bedeckt ihn mit zahlreichen Eisbergen. Vom Wind getrieben, driften sie auf ihm hin und her. Sie sind viel zu groß, um durch den kurzen, flachen Wasserlauf zum Meer zu treiben. Weil das Ganze direkt an der Ringstraße liegt, ist es problemlos möglich, diese grandiose Szenerie zu bestaunen. Doch nicht jeder erlebt sie bei solchem Wetter.

← *Eissee Jökulsarlon – im Hintergrund der Vatnajökull*

↑ *Gletschereis auf dem Strand*

Gletschereis und Vulkanasche

Die bizarren Eisberge auf dem Jökulsarlon bilden beredte Zeugnisse vergangener vulkanischer Eruptionen, deren Asche natürlich auch auf den Gletscher fiel. Dadurch sind viele der Eisberge dunkel, einige fast schwarz gefärbt. An manchen Stellen liegen auf ihnen schwarze Häufchen ausgeschmolzener Asche – ein ungewöhnlicher Kontrast zum bläulich oder weißlich schimmernden Eis. Durch eine schmale Verbindung zum Meer strömt die Flut in den Jökulsarlon. Mit ihr kommen die Robben, die hier nach Lachsen fischen. Bei ablaufender Flut treiben kleinere Eisbrocken hinaus aufs Meer. Manche davon liegen dann bald wunderbar leuchtend auf dem schwarzen Lavastrand.

→ *Eisberge auf dem Jökulsarlon*

Frühling an der Nordküste

In dieser kältesten Küstenregion Islands liegt manchmal auch dann noch Schnee, wenn an der Südküste bereits die Birken grünen. Hier ist es frischer Neuschnee, der Mitte Mai die zahlreichen Schichtstufen an den Hängen des Massivs plastisch hervortreten lässt. Am Ufer ist er längst geschmolzen. Dort findet man Strandgut, das die Winterstürme aus Nordost mitbrachten und früher heißbegehrt war: Holzstämme – Bau- und Heizmaterial auf einer Insel, deren Wälder schon gerodet waren. Auch heute noch liegt Treibholz, für spätere Verwendung ordentlich aufgestapelt, am Ufer. Woher es tatsächlich kommt, kann niemand genau sagen. Meist heißt es: »... aus Sibirien«.

→ *Nordküste bei Langanes*

Rauðarsandur

Goldener Sand bildet in dieser flachen Bucht einen breiten Strand und ein rippeliges Watt – ungewöhnlich für Island, das für seine dunklen Strände aus Lavasand bekannt ist. Solchen gelblichen Kalksand, duchsetzt mit dunklen Lavasandkörnern, gibt es fast nur in diesem Teil der Insel, dessen vulkanische Gesteine viele Millionen Jahre älter sind als die Zentralislands. Ihren Ursprung haben diese Sandkörner in den von der Brandung zerriebenen Kalkschalen von Meerestieren – Muscheln, Schnecken und Seeigeln.

→ Kalksandwatt am Rauðarsandur

↑ *Mandelsteingerölle als Strandsteine*

Strandfunde

Lange Strände aus schwarzem Lavasand und dunklem Basaltgeröll bestimmen das Bild weiter Strecken der isländischen Küste. Da gibt es wirklich wenig Interessantes am Strand zu finden. An den Ost- und Nordwestfjorden sieht es jedoch anders aus. Hier liegen oft wunderschöne Chalzedon- und Mandelsteingerölle zwischen den Strandsteinen. An manchen sandigen Stränden sind zahlreiche Schalen von Schnecken und Muscheln, Gehäuse von Seeigeln, Seesterne, Schwämme, Moostierchen und Reste von Krabben zu finden – so wie sie auf dem Arrangement zu sehen sind. Sie zeugen vom besonderen Artenreichtum am Grunde des sauberen Flachwassers vor der isländischen Küste.

→ *Strandfunde von den Nordwestfjorden*

Basalt

Schwarzer Basalt ist das absolut härteste der zahlreichen Vulkangesteine auf Island. Weil Basaltlava beim raschen Erkalten etwas schrumpft, bilden sich im Gestein – senkrecht zur Abkühlungsfläche – feine Risse. Auf diese Weise entstehen die charakteristischen sechsseitigen Basaltsäulen. An diesem Ufer arbeitet die Brandung an einem Kliff aus Säulenbasalt und modelliert dabei fantastische Felsskulpturen. Manche stehen so dramatisch auf dem goldgelben Kalksand des Strandes, dass man den Eindruck gewinnt, hier wären Landschaftsdesigner am Werk gewesen.

→ *Basaltformation am Rauðarsandur/Nordwestfjorde*

Kirkjufell

Wie ein steiles Kirchendach steht der Inselberg Kirkjufell (Kirchberg) auf einer kleinen Halbinsel am Ufer des Grundarfjörður im Norden der Halbinsel Snæfellsnes. Von Eiszeitgletscher herausmodelliert, zeigen seine steilen Hänge eine ungewöhnlich abwechslungsreiche Schichtung unterschiedlichster Gesteine: verschiedene Basalte, Tuffe, Sandsteine und Konglomerate. Manche Isländer nennen ihn deshalb scherzhaft »die Schichttorte«. Für Geologen ist dieser markante Bergrücken ein einzigartiger Aufschluss, an dem die geologische Geschichte dieser bereits etwas älteren Vulkanlandschaft besonders gut ablesbar ist.

← *Kirkjufell am Grundarfjörður/Halbinsel Snæfellsnes*

Dynjandi

Unter Islands zahlreichen Wasserfällen ist der Dynjandi (»der Dröhnende«) – auch Fjallfoss genannt – unverwechselbar. Denn in einer derartigen Breite wie hier die Dynjandisá stürzt kein anderer isländischer Fluss über einen so gewaltigen Steilhang aus treppenförmigen Schichtbasalten. Gleich unterhalb bildet er auf kurzer Strecke im Wiesengelände noch fünf weitere, weniger spektakuläre Wasserfälle. Dann ist er bereits an seinem Ziel und mündet, völlig undramatisch, in den Arnarfjord – in einen der weit entlegenen, landschaftlich wahrhaft dramatischen Nordwestfjorde.

→ *Wasserfall Dynjandi an den Nordwestfjorden*

Snæfellsjökull

Längst ist der Vulkanismus im Westen Islands zur Ruhe gekommen – fast überall. Lediglich auf der ungefähr 100 Kilometer langen, recht schmalen Halbinsel Snæfellsnes gibt es noch aktive und ruhende Vulkane, eine besonders vielfältige jungvulkanische Landschaft. Ihren dramatischen Höhepunkt erreicht sie mit dem Snæfellsjökull, dem doppelgipfligen gletscherbekrönten Vulkan an der äußersten Spitze der schmalen Halbinsel, der auf dem Foto majestätisch ihre goldgelben Sandstrände überragt. Snæfellsnes gilt als das »Island in Miniatur«, weil sie auf kleinster Fläche die ganze landschaftliche Vielfalt Islands komprimiert.

→ *Blick zum Snaefellsjökull*

Gullfoss

Das milchigtrübe Schmelzwasser der Hvítá kommt vom über 40 Kilometer entfernten Hochlandgletscher Langjökull. An dieser Stelle stürzt es über zwei gewaltige Stufen in einen tiefen Canyon und bildet dabei den schönsten Wasserfall Islands – eine wahrhaft atemberaubende Szenerie, ein Fest für die Sinne. Das donnernde Rauschen der schäumenden Wassermassen, die Regenbögen im Sprühnebel, der den Besuchern auf dem beständig nassen Weg zum Gullfoss entgegenschlägt … Der Wasserfall gehört mit Þingvellir und dem in der Nähe liegenden Geysirfeld zum »Golden Circle« der berühmtesten Sehenswürdigkeiten Islands, die alle auf einer Tagestour erreichbar sind.

← *Gullfoss – der schönste Wasserfall Islands*

Stricklava

Eine der am schwersten befahrbaren Hochlandpisten Zentralislands, die Gæsavatnaleið, verläuft meist dicht am Nordrand des Vatnajökull-Gletschers und führt durch weite junge Lavafelder zur Askja – eine abenteuerliche Landschaft, ein Bilderbuch für Geologen. Diese Stricklava genannten Formationen entstehen, wenn dünnflüssige Lava großflächig über ein Gelände strömt. Dabei erkaltet und erstarrt ein dünne Schicht an der Oberfläche – ähnlich einer Milchhaut. Sie wird durch die weiterhin fließende Lava zusammengeschoben und gedreht. Auf diese Weise erhält sie das Aussehen dicker geflochtener Seile.

→ *Stricklava an der Gæsavatnaleið*

Piste

In weiten Schleifen führt die schwarzsandige, nasse Piste über das küstennahe Dyrafall-Massiv im Nordosten Islands. Ein später Wintereinbruch hat hier noch Ende Mai die Berge mit einer Neuschneedecke überzogen, die jetzt – leuchtend weiß – alsbald schmelzen wird. Schließlich steht die helle, warme Sonne in dieser Zeit des Jahres bereits so hoch am Himmel, dass es nachts nicht mehr dunkel wird. Die Nordküste Islands ist ja an einigen Stellen nur ein paar Dutzend Kilometer vom Polarkreis entfernt. Island-Touristen nehmen die langen Tage als Geschenk, müssen sie doch bei ihren Unternehmungen nicht fürchten, von der Dunkelheit überrascht zu werden.

← *Nachwinter im Dyrafall-Massiv an der Nordostküste Islands*

↑ *Dünenlandschaft vor dem Skeiðararsandur an der Südküste*

Schwarze Strände

Wer erstmals die große Vulkaninsel bereist, dem fallen als bemerkenswerte Besonderheit sicher die vielen Strände aus schwarzem Lavasand auf. Von den Gletscherflüssen in riesiger Menge ins Meer gespült, bildet er vor den kaum zugänglichen Sanderflächen der Südküste breite Strände und ausgedehnte, wüstenartige Dünenareale. Weil trockener Lavasand sehr leicht ist, kann ihn der Wind auch viel schneller verwehen. So erklärt sich auch ein bei stürmischen Winden aus der Ferne zu beobachtendes Naturschauspiel – die gewaltigen, nebelartigen Sandschleier, die hoch in die Luft getrieben werden.

→ *Strand und Dünen aus Lavasand vor dem Austurhorn an der Südostküste*

Hvítserkur

Wie ein monströses Urtier steht dieser etwa 15 Meter hohe, sehr schmale Basaltfelsen im flachen Wasser am Ufer des Húnafjörður. Der Sage nach soll es sich um einen Troll handeln, der – vom Sonnenlicht getroffen – zu Fels erstarrte. Die Geologen haben auch hier wieder eine andere Erklärung: Es handle sich um den Rest eines Basaltganges, der in weichere vulkanische Gesteinsschichten eindrang, die später verwitterten. Auf diese Weise wurde Hvítserkur herausmodelliert. Stellenweise ist er durch den Kot der auf ihm zahlreich brütenden Seevögel weißlich verfärbt – daher sein Name, der »weißes Nachthemd« bedeutet.

→ *Vogelfelsen Hvítserkur am Strandsee Hop*

↑ *Papageitaucher*

Látrabjarg

»Größter Vogelfelsen der nördlichen Hemisphäre« wird der weit entlegene Látrabjarg an der äußersten Spitze der Nordwesthalbinsel gern genannt. Millionen von Seevögeln – hauptsächlich Dreizehenmöwen, Trottellummen und Tordalken – brüten im Frühling an dem bis 450 Meter hohen und mehrere Kilometer langen Kliff. Ein ohrenbetäubender Lärm aus unzähligen Vogelschreien erfüllt die Luft. Wer spätabends kommt, erlebt sogar die populären Papageitaucher aus nächster Nähe, ohne Scheu an der Kliffkante nahe ihrer Bruthöhle sitzend.

→ *Kliff am Látrabjarg*

↑ *Ruhende Dreizehenmöwen*

Nicht stören – wir schlafen

Von der Kliffkante des Látrabjarges schaut man den Seevögeln direkt in die Nester, kann also das intime »Familienleben« der Brutpaare beobachten. Dieses Dreizehenmöwenpaar ruht gemeinsam auf seinem Nest. Es lässt sich nicht stören von dem beständig gewaltigen Lärm der riesigen Vogelkolonie, der ohrenbetäubend anschwillt, wenn der Seeadler am Kliff entlang gleitet, um nach einer Mahlzeit Ausschau zu halten.

↑ *Brütende Trottellummen*

Nicht stören – wir brüten

Trottellummen zählen zu den häufigsten Vogelarten am Látrabjarg. Die fast entengroßen, pinguinähnlichen Vögel brüten auf schmalen Felsbändern oder kleinen Vorsprüngen. Dazu bauen sie aber kein Nest, sondern legen ihre Eier direkt auf das nackte Gestein. Dass diese nur höchst selten abstürzen, wird mit der Kreiselform des Eies erklärt, das dadurch vor einem Sturz von der Klippe geschützt sein soll.

↑ *Blühende Rosenwurz*

Rosenwurz

Sie ist eine der wenigen charakteristischen Blütenstauden der Arktis. Rosenwurz steht mit ihren dickfleischigen Blättern meist einzeln und treibt aus ihrem dem Frost trotzenden Wurzelstock immer wieder kräftig aus. Ihren Namen erhielt sie nach dem intensiven Rosenduft der zerstoßenen Wurzeln. Das sollte man als gegeben hinnehmen. Das Pflücken oder gar Ausgraben von Wildpflanzen gilt auf Island als Sakrileg.

↑ *Blühende Silberwurz*

Silberwurz

Auch die Silberwurz gehört zur Arktis. Die glänzenden Blätter des immergrünen Zwergstrauches (ein Rosengewächs) sind an der Unterseite fein weißfilzig behaart – daher der Name. Zuerst fällt die Pflanze auf, wenn sich im Frühsommer ihre wunderschönen reinweißen Blüten mit den intensiv gelben Staubblättern entfalten; ein zweites Mal, wenn im Spätsommer ihre silbrig behaarten Fruchtstände in der Landschaft leuchten.

↑ *Kirchlein am Snæfellsjökull*

Seelsorge am Gletscher

Kein anderer hat die Landschaft und das Leben auf Island so eindringlich beschrieben wie Halldór Laxness. Die meisten Romane des vielseitigen isländischen Literatur-Nobelpreisträgers erzählen von den ungewöhnlich harten, oft brutalen Lebensumständen der Isländer vergangener Jahrhunderte. In »Seelsorge am Gletscher« bietet er dagegen hintersinnig und ein wenig surreal eine in neuerer Zeit spielende Geschichte, deren Handlungsort recht genau lokalisierbar ist: der schmale Küstenstreifen mit einem Kirchlein unter dem Snæfellsjökull. Der Gletscher auf dem Vulkan kommt übrigens auch an anderer Stelle in der Weltliteratur vor – in Jules Vernes »Reise zum Mittelpunkt der Erde«. Dort lässt der Autor Professor Lidenbrock mit seinen Begleitern in den Krater steigen.

← *Blick vom Ufer zum Snæfellsjökull*

← ↑ *Þingvellir, Allmännerschlucht*

Þingvellir

Dieses Tal am Rande eines ausgedehnten Lavafeldes inmitten einer grandiosen Landschaft gebietet Ehrfurcht. Zuerst ist es ein weltweit einzigartiges geologisches Denkmal, das veranschaulicht, wie zwei Erdkrustenplatten – die europäische und die nordamerikanische – auseinander gleiten und dabei markante Längsspalten entstehen. In den vergangenen 10 000 Jahren drifteten die Felshänge der Almannagjá (Allmännerschlucht) um 70 Meter auseinander; der Talboden senkte sich um 40 Meter. Þingvellir ist aber auch jener geschichtsträchtige Ort, an dem bereits vor über 1 000 Jahren einmal jährlich die traditionelle gesetzgebende Versammlung Islands, das Alþing, abgehalten wurde – eines der ältesten Parlamente der Welt.

↑ *Strokkur bei beginnendem Ausbruch*

Geysir

Das Geothermalgebiet von Haukadalur ist weltberühmt. Schließlich gibt es hier den Großen Geysir, nach dem alle anderen heißen Springquellen der Erde »Geysir« genannt werden. Doch der Große Geysir ist kaum noch aktiv. Seine Rolle hat Strokkur (deutsch: das Butterfass) übernommen – natürlich auch ein Geysir. Er schleudert etwa alle zehn Minuten sein kochend heißes Wasser als 30 Meter hohe Fontäne in die Luft. Zusammen mit Þingvellir und Gullfoss gehört Strokkur zu den besonderen Sehenswürdigkeiten im »Golden Circle« Islands, die alljährlich Zehntausende Touristen anziehen.

← *Der Große Geysir im Vordergrund – die Wassersäule von Strokkur im Hintergrund*

Abendlicht

Hier hätte der Fotograf am liebsten die Zeit angehalten. Nur für einen kurzen Moment beleuchtete die bereits sehr tief stehende Abendsonne die Szenerie – das flache Moorland mit seinen Zäunen und dem Weidevieh, dahinter die schroffen, kahlen Vulkanberge an der Südküste von Snæfellsnes, darüber der »nordische« Wolkenhimmel. In einer solchen Situation gilt es, schnellstmöglich den richtigen Standpunkt für das Foto, den passenden Vordergrund, die optimalen Parameter für die Aufnahme zu finden. Denn wenige Augenblicke später schon kann die Sonne hinter einer Wolkenbank verschwunden sein und alles im Schatten liegen.

← *An der Südküste von Snæfellsnes*

Skógafoss

Auf 30 Meter Breite stürzt der vielbesuchte Skógafoss etwa 60 Meter im freien Fall über eine markante Steilstufe, die über lange Strecken die Landschaft der Südküste beherrscht. An ihr gibt es auch mehrere andere, kleinere Wasserfälle. Diese »Steinleite« ist ein fossiles Kliff, das durch jüngere Landhebung in eine solche Position kam. Davor liegt flaches, sandiges, oft auch mooriges Areal, das landwirtschaftlich genutzt wird. Die Bauernhöfe dazu, von denen so mancher seinen »hauseigenen« kleinen Wasserfall besitzt, befinden sich vielfach direkt am Fuße der Steinleite. All das ist von der Ringstraße, die etwa parallel dazu verläuft, gut einsehbar.

→ *Der Skógafoss an den Steinleiten*

↑ *Solfatare (Schwefeldampfquelle) und Lavafeld bei Landmannalaugar*

Landmannalaugar

Es gibt mehrere Gründe, weshalb es so viele Menschen in diese entlegene isländische Berglandschaft zieht. Einer ist mit Sicherheit die ungewöhnliche Farbigkeit dieses Vulkanberges, der Brennisteinsalda (»Schwefelquelle«). Das rötlichbraune Gestein (Liparit) erscheint stellenweise durch Schwefelablagerungen gelblich, durch Kalkausfällungen hellgrau verfärbt. Schneereste, die auch noch im Hochsommer zu finden sind, ergeben einen weiteren Kontrast. Am Hang der Brennisteinsalda gibt es Austritte von heißem Schwefeldampf, an denen sich reiner Schwefel niederschlägt. Dorthin führt sogar ein Fußpfad.

→ *Liparitberge bei Landmannalaugar*

↑ *Aschekegel und Moospolster auf Snæfellsnes*

Zackenmützenmoos

Die hellgrauen Zackenmützenmoos-Polster fallen in den isländischen Vulkanlandschaften sofort auf. Sie sind besonders auf jungen Lavafeldern weit verbreitet. Das Zackenmützenmoos – von Botanikern so genannt wegen der besonderen Form der »Haube« des winzigen Einzelpflänzchens – gedeiht sehr gut in niederschlagsreichen Gebieten. Es wächst als Pionierpflanze recht rasch und bedeckt dann als geschlossener Teppich mit seinen dicken, flauschigen, rundlichen Polstern weite Areale, oft ausgedehnte bizarre Lavaströme – auch das berühmte südisländische Lavafeld der Elðhraun. Die Ringstraße führt mitten hindurch.

← *Zackenmützenmoos auf dem Lavafeld Elðhraun*

Junge Vulkanberge

Die abenteuerliche Piste nach Landmannalaugar führt an diesem dekorativen Krater vorbei, der vor einigen Jahrhunderten zuerst Asche und dann noch etwas Lava förderte. Wer durch die fantastische Landschaft mit ihren jungen Vulkanbergen fährt, vergisst oft, dass in dieser Region jederzeit wieder ein Ausbruch erfolgen kann. Die benachbarte Hekla, Islands aktivster Vulkan, tut das etwa alle zehn Jahre. In historischer Zeit brachten manche der Ausbrüche viel Not über die Insel; in jüngster Zeit einige Unordnung in den transatlantischen Flugverkehr.

← *Vulkankegel nahe Landmannalaugar*

Feuer und Eis

Hveradalier mit seinen vielfarbigen, weichen Liparitgesteinen, zischenden Schwefelquellen, blubbernden Schlammtöpfen, trüben, dampfenden Bächen – darüber das zerborstene Gletschereis, durchzogen von dunklen Ascheschichten. Und der typische Geruch des Vulkanismus nach gerade angezündeten Streichhölzern und faulen Eiern. »Der Vorhof zu Hölle ...«, entfährt es meiner Frau, während ich (natürlich ebenso fasziniert) konzentriert versuche, bei andauerndem Regen die Szenerie möglichst optimal abzulichten. Dieses schaurig-schöne dampfende Tal liegt am fast 1500 Meter hohen Kerlingarfjöll im zentralen isländischen Hochland.

→ *Hveradalier am Kerlingarfjöll*

↑ *Arktische Weidenröschen im Hochland*

Hochlandwüste

Glücklich derjenige, der bei solchem Wetter das Hochland auf der legendären Sprengisandur-Piste queren kann. Hier, zwischen den Gletschern Hofsjökull und Vatnajökull, entspricht der Landschaftscharakter wirklich dem Namen: Hochlandwüste. Trotz einiger Seen ist das Gelände extrem trocken, da Wasser sofort tief in den Boden einsickert. Stürme treiben oft riesige Sandfahnen über das Hochland. Nur an wenigen geschützten, feuchten Stellen blühen im August die Arktischen Weidenröschen in solcher Pracht.

→ *See in der Hochlandwüste*

↑ *Islandpferde am Koppelzaun*

Isländer

So nennt man die Islandpferde oft der Einfachheit halber, manchmal auch Islandponys, denn es sind kleine, robuste, besonders wetterharte Pferde – seit einem Jahrtausend als Arbeits- und Reittiere gezüchtet. Man begegnet ihnen oft irgendwo in der freien Landschaft, weitab der Höfe. Die meisten von ihnen weiden den ganzen Sommer über ohne Aufsicht im Hochland, führen ein freies Pferdeleben. Im Herbst treibt man sie in die Koppeln. Hier stehen sie nun, neugierig über den Zaun schauend, die Augen oft von der langen Mähne bedeckt, und harren der Dinge, die da kommen sollen.

↑ *Pferdeherde am Hop auf Nordisland*

Pferdeabtrieb

Eines Tages im Herbst werden sie so als Herde zum Gehöft getrieben. Dort erfolgt die alljährliche Aussonderung. Ein Teil der Pferde muss in bereitstehende Transporter. Manche haben vielleicht eine lange Reise vor sich. Isländer sind auf dem europäischen Festland sehr begehrt. Andere dagegen – hauptsächlich die überzähligen Jährlinge – stehen auf Island traditionell als Fleischlieferant in der Rolle der Rinder, die den harten Witterungsbedingungen schlecht gewachsen sind. Es mag dagegen ethische Einwände geben, aber die Pferde auf Island wachsen in völliger Freiheit auf – nicht vergleichbar mit unserem heimischen Vieh.

Auf der Nordwesthalbinsel

Die Straße längs des Ísafjarðardjúp ist eine Herausforderung. Immer wieder biegt sie landeinwärts ab, um einen der zahlreichen Seitenarme des Fjords zu umrunden. Dabei bedarf es für zwei Kilometer Luftlinie oft einer Fahrt von 30 Kilometern oder mehr. Reichlich dafür entschädigt aber wird man von den beständig neuen, unglaublich abwechslungsreichen Landschaftsbildern. An dieser Stelle, am weißgetünchten Kirchlein von Álftafjörður mit seinen Wollgras- und Trollblumenwiesen, ist es eher lieblich. Immer vor Augen bei dieser Fahrt hat man als Hintergrund die teilweise schnee- und eisbedeckte Hornstrandir-Halbinsel auf der gegenüberliegenden Seite des Ísafjarðardjúp, die – völlig unbesiedelt – nur von Wanderern besucht wird.

← *Die Kirche von Álftafjörður*

Mitternacht

Am Ufer des Ísafjarðardjúp stehen diese Fischtrockenschuppen wie Scherenschnitte vor der glänzenden Wasserfläche des mitternächtlichen Fjordes. Im Norden Islands gibt es im Sommer keine dunkle Nacht, dafür aber oft sehr dramatische Lichtstimmungen. Gerade dieses Licht ist es ja, das einen Teil des Zaubers ausmacht, der uns so ungemein am Norden fasziniert und immer wieder auf Reisen gehen lässt.

← *Fischtrockenschuppen bei Ísafjörður*

Rolf Reinicke, Geologe, Landschaftsfotograf und leidenschaftlicher »Nordlandfahrer«, war drei Jahrzehnte am Deutschen Meeresmuseum in Stralsund tätig. Unter seiner Leitung entstanden dort u.a. die beiden Außenstellen Natureum Darßer Ort und Nautineum Dänholm.
Mehrere seiner über 30 Buchveröffentlichungen wurden zu Bestsellern, so auch die im Hinstorff Verlag erschienenen Bände »Bernstein – Gold des Meeres« und »Mein Ostseebuch«. Die »Ostseebilder« von 2015 waren sein erstes Buch in der neuen Reihe großformatiger Bildbände, zu denen nun auch »Zauber des Nordens« gehört.
Den Norden Europas entdeckte und erlebte Rolf Reinicke auf zahlreichen langen Reisen zusammen mit seiner Ehefrau Inge. Sie wirkt auch an seinen Büchern mit.
www.kuestenbilder.de

Liebe Leserin, lieber Leser, wie hat Ihnen die Lektüre gefallen?
Wir freuen uns über Ihre Bewertung im Internet!

Die Deutsche Nationalbibliothek verzeichnet diese Publikation in der Deutschen Nationalbibliografie; detaillierte bibliografische Daten sind im Internet über http://dnb.ddb.de abrufbar.

Lagerstraße 7 | 18055 Rostock
www.hinstorff.de

1. Auflage 2016
Herstellung: Hinstorff Verlag GmbH
Lektorat: Thomas Gallien
Layout: Rolf Reinicke
Titelgestaltung : Beatrix Dedek
Karte: Matthias Reinicke
Druck: optimal media
Printed in Germany
ISBN 978-3-356-02035-9

Cover: Blick vom Reinebringen auf Reine und den Kirchfjord, Moskenesøy/Lofoten
Seite 2/3: Küste bei Ørnes südlich von Bodø in Norwegen
Rückseite Cover:
Strandfunde von den Lofoten/Norwegen
Wasserfall im Fjordland/Norwegen
Kirche von Álftafjörður/Island
Vorsatz: Gebirge auf der Lofoteninsel Flakstadøy
Nachsatz: Wasserfall im norwegischen Fjordland